101 Wege,
immer und überall
zu lesen

Timothée de Fombelle

Benjamin Chaud

101

Wege,
immer und
überall
zu lesen

Hanser

Warnhinweis

Die in diesem Werk versammelten
101 Wege, immer und überall zu lesen,
veranschaulichen die vielfältigen und bisweilen
unvorhersehbaren Folgen des Lesens
bei Menschen. Allerdings bleibt anzumerken,
dass Erwachsene manche Positionen nur
unter Aufsicht eines Kindes nachmachen dürfen.

Die Sonnenblume
sucht das Licht

Der Klassiker
ist wirklich selten

Das Marshmallow

folgt seinem Instinkt

Der Chihuahua
macht sich ganz klein,
wenn ihm das nützt

Die Diva
teilt sich gerne mit

Die Dompteuse

weiß, wie sie sich helfen lässt

Die Heimliche
hat keine Zeit zu verlieren

Die Wiesenblume
öffnet sich im Frühling

Das Lesezeichen

Der Lotus

Die Blase

Der Vogel Strauß

Der Sonnenschirm
fürchtet die Sonne nicht

Der Krebs

ist fast gar

Der Schlafwandler
lebt gefährlich

Der Unverbesserliche
kommt immer klar

Der Krake
trifft keine Entscheidung

Die Romantikerin
hat keine Angst vor Wasser

Die Bodybuilderin

will was Schweres

Der Windhauch
reist mit leichtem Gepäck

Der Vorausschauende
behält nur das Nötigste

Das Hauptgericht

Die Hängebrücke

Die Reiterin

Der Cowboy

Der angeleinte Hund
muss Vertrauen haben

Der Schlittenhund
mag lange Winter

Der Schneemann

Die Abwesende

Die Widerstandsfähige

Die mit Nachtisch-Verbot
beklagt sich nicht

Der mit Pausen-Verbot
hat Neider

Die Unzertrennlichen

haben keine Wahl

Die Wiederkäuer

finden ihr Glück auf verschiedenen Weiden

Die Gänsehaut

Der Hasenfuß

Die Made im Speck

Der Gott in Frankreich

Die Prinzessin
lässt sich fahren

Das Gelbe Trikot

lässt sich tragen

Die Seerose

treibt im Wasser

Die Möbelpackerin
übertreibt es wirklich

Der Bettvorleger

Das Gebet

Die Rutschbahn

Der Lappen

Der Lappen mit Kinnstütze

Der zusammengerollte Lappen

Der umgedrehte Lappen

Der Haufen

Der Tölpel
verpasst seine Haltestelle

Das Schaf
vergisst die Zeit

Die Schnecke

lässt sich nicht hetzen

Das Gespenst
verbreitet Angst und Schrecken

Die Sehnsüchtige
findet ihre Heimat

Der Neugierige
träumt vom Unbekannten

Der Schlangenmensch

Das Huhn auf der Stange

Die reife Frucht

Der Erfinder

Der Denker

Die Träumerin

Der Misstrauische

Der Sentimentale

Der Spicker
verlässt sich auf andere

Die Barbaren
haben Freude am Teilen

Die Spezialistin
liest nichts x-Beliebiges

Der Sessel
ist gelenkig

Das Federbett
hat mehr als einen Trick auf Lager

Der Höhlenkundler
zieht sich zurück

Der Bau

Das Tipi

Die Kathedrale

Die Tussi
posiert

Der Schönling
weiß, was
funktioniert

Die Seiltänzerin
mag das Schwindelgefühl

Die Zerstreute

denkt an anderes

Die Sandburg
sucht die Ruhe

Das U-Boot
kann nicht aufhören

Das Tandem

Das Dreirad

Der Vierfüßer   Der Ameisenhaufen

Die Piratin
taucht unter

Die einsame Insel

ist immer weit weg

Der Schlemmer

Die blinde Passagierin

Der Koffer

Die Eiche

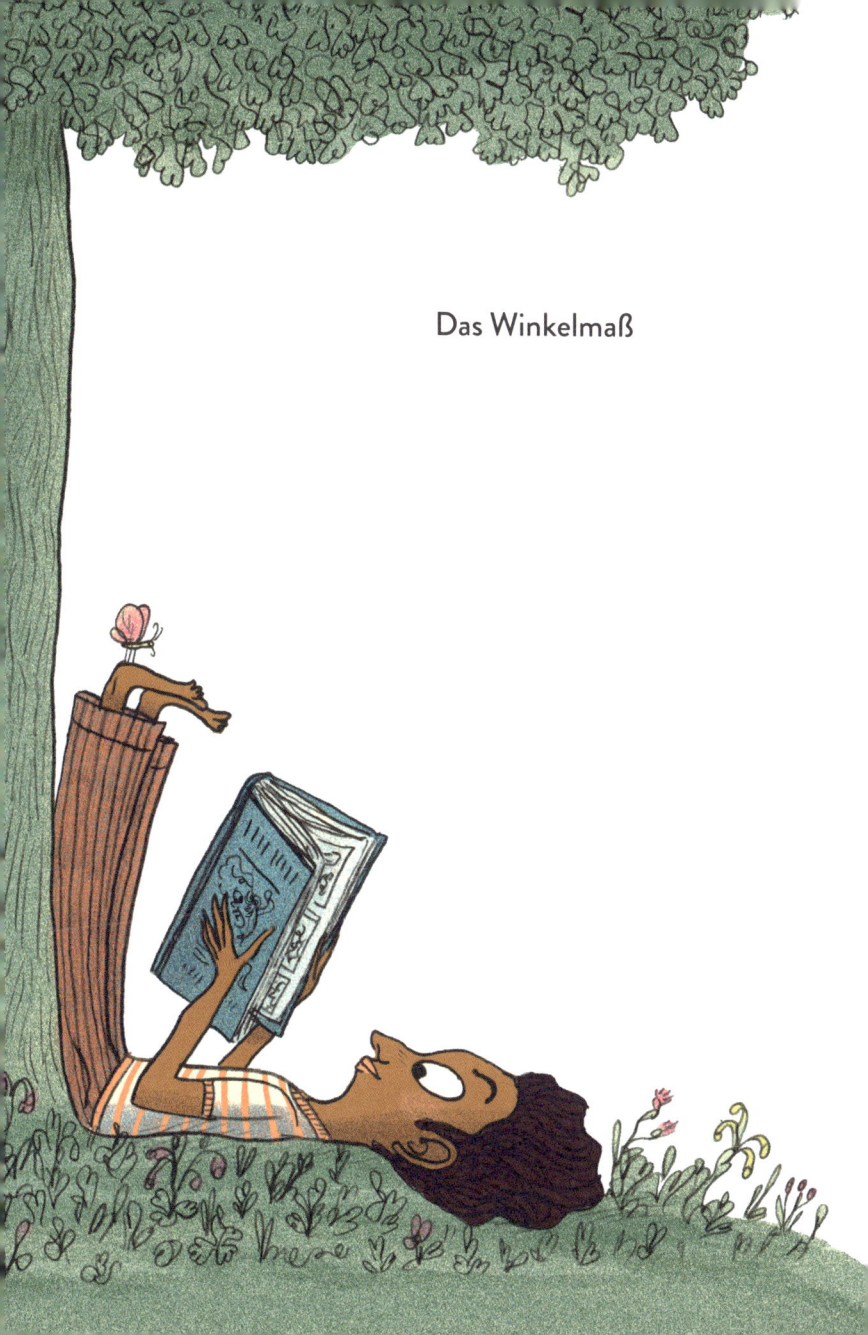

Das Winkelmaß

Der Efeu

Der Reisende
lässt sich nicht festnageln

Der Heißluftballon

nutzt das Fieber, um abzuheben

Die Helden

widerstehen allem

Die Zauberer
verwandeln die Welt

Timothée de Fombelle, 1973 geboren, ist ein französischer Schriftsteller und Dramatiker. Mit der Jugendbuchreihe *Tobie Lolness* erzielte er einen weltweiten Erfolg. Der Roman wurde in 26 Sprachen übersetzt und mit zahlreichen Preisen ausgezeichnet.

Benjamin Chaud, 1975 in den Französischen Alpen geboren, studierte Zeichnen und Angewandte Kunst in Paris sowie Dekorative Kunst in Straßburg. Inzwischen hat er mehr als 70 Bücher illustriert und ist ein international angesehener Bilderbuchkünstler.

Tobias Scheffel, 1964 in Frankfurt am Main geboren, übersetzt seit vielen Jahren französische Literatur für Lesende aller Altersstufen. 2011 erhielt er den Sonderpreis des Deutschen Jugendliteraturpreises, mit dem sein Gesamtwerk als Übersetzer gewürdigt wurde.

Die Originalausgabe erschien 2022 unter dem Titel
101 façons de lire tout le temps bei Gallimard Jeunesse, Paris.

HANSER hey! *Schau vorbei und*
teile dein Leseglück auf Instagram

1. Auflage 2024

ISBN 978-3-446-28113-4

Copyright der Originalausgabe *101 façons de lire tout le temps*

© Gallimard Jeunesse, 2022

Alle Rechte der deutschen Ausgabe:

© 2024 Carl Hanser Verlag GmbH & Co. KG, München

Wir behalten uns auch eine Nutzung des Werks für Zwecke
des Text- und Data Mining nach § 44b UrhG ausdrücklich vor.

Umschlag: formlabor, Hamburg,

unter Verwendung einer Illustration von Benjamin Chaud

Satz im Verlag

Druck und Bindung: TBB, a.s., Banská Bystrica

Printed in Slovak Republic

MIX
Papier | Fördert
gute Waldnutzung
FSC® C022120